LB 44/1176

DISCOURS

PRONONCÉ

DANS L'ÉGLISE CATHÉDRALE DE GAND,

Le 15 Août 1813,

FÊTE DE L'ASSOMPTION

DE LA

TRÈS-SAINTE VIERGE,

DE

SAINT-NAPOLEON

ET DU RÉTABLISSEMENT DE LA RELIGION CATHOLIQUE EN FRANCE;

Par Mr. M. R. DE SEGUIN DE PAZZIS, *Prêtre, ci-devant Chancelier de l'Église d'Amiens, et en dernier lieu Vicaire-général de Troyes.*

A GAND, chez la Veuve A. B. STÉVEN, Imprimeur,
Marché aux Grains.

DISCOURS

PRONONCÉ

DANS L'ÉGLISE CATHÉDRALE DE GAND,

le 15 Août 1813,

*Fête de l'*Assomption de la très-sainte Vierge, *de* Saint-Napoléon *et du rétablissement de la Religion Catholique en France.*

Respexit humilitatem ancillæ suæ, ecce enim ex hoc beatam me dicent omnes generationes.

Le Seigneur a daigné abaisser ses regards sur son humble servante, et à cause d'un tel honneur, toutes les générations m'appelleront bienheureuse.

Cantique de Marie, dans l'évangile selon St.-Luc, Chap. I, ℣. 48.

Celle dont l'admiration et la reconnoissance s'exhalent dans le cantique d'où ces paroles sont tirées : la plus parfaite créature qui exista jamais sur la terre : Marie reçut autrefois en ce jour la plus brillante des couronnes immortelles. Les cieux s'ouvrirent avec complaisance au devant de leur Reine future. D'innombrables légions d'esprits célestes s'empressèrent d'orner et d'accompagner son triomphe. Comblée de gloire et de bonheur, ainsi retournoit dans le sein du Très-haut l'Eve de la nouvelle création, véritable mère des vivans, puisqu'elle avoit enfanté le salut du monde.

L'Assomption corporelle de la très-sainte Vierge dans le ciel, est une croyance ancienne et universelle dans l'Église. Tout l'autorise et la justifie. Quand on rassemble en effet les diverses circonstances de la vie si pure que MARIE mena sur la terre, soit avant sa divine maternité, soit pendant que l'Homme-Dieu son fils étonnoit la Judée, soit dans l'humble retraite où, après la descente du Saint-Esprit, se dérobant aux hommages des nouveaux Chrétiens, elle attendoit avec modestie les dernières miséricordes du Seigneur; quand on fait attention à cet honneur insigne, d'avoir été associée au grand ouvrage de la rédemption du monde, en revêtant de sa propre chair le Verbe éternel de Dieu, descendu parmi les hommes; quand on réfléchit sur la multitude de grâces singulières dont il est si naturel de penser que JÉSUS-CHRIST se soit plu à favoriser sa sainte Mère, n'a-t-on pas raison de croire qu'au moment fortuné de la dissolution de l'être mortel de MARIE, nonseulement son ame prit un rapide essor vers le ciel, mais encore que, par un privilège unique, son corps virginal fut aussitôt rendu à la vie, enlevé à la corruption du tombeau, et porté par les anges dans le séjour de la céleste beatitude?

Ce seroit ici le lieu, mes Frères, de répéter les acclamations dont les Chrétiens de tous les temps n'ont cessé de glorifier la très-sainte Vierge. Nous devrions offrir à votre vénération les vertus si parfaites de MARIE, et nous appuyant sur les écrits des saints Docteurs et les décisions des Conciles, vous prouver la légitimité et l'excellence du culte que l'Église rend à la Mère du Sauveur. Nous devrions ranimer votre ferveur par le récit des bienfaits et des grâces dont cette Vierge fut toujours la touchante dispensatrice. Nous devrions surtout vous rappeler les hommages particuliers que la Mère de Dieu reçut constamment dans cet Empire: *Charlemagne*, mentionnant dans ses capitulaires la fête de l'Assomption de la sainte Vierge et la protection que cette Reine du ciel accorde à la France: plusieurs de nos rois propageant le culte de MARIE par l'ascendant de leur exemple, plus encore que par le nombre des temples que sous une invocation si puissante leur piété élève de toute part à l'Être suprême: dans des temps plus modernes, *Louis XIII* mettant spécialement sa personne et son royaume sous la protection de la sainte Vierge : ce vœu solennellement renouvellé un siècle après par *Louis XV*: enfin, au sortir de nos derniers troubles, la restauration du culte catholique ordonnée et commencée à pareil jour, par le Prince si évidemment suscité de Dieu pour relever et les autels de la Religion et la gloire de la France.

Mais au lieu d'établir ici aujourd'hui les fondemens et les règles de la dévotion envers la sainte Vierge, nous avons jugé plus à propos de vous adresser quelques réflexions sur le grand événement national dont cette fête sera chaque année l'heureux anniversaire.

En effet, mes Frères, le rétablissement légal du Culte catholique fut pour notre patrie le seul gage certain de la tranquillité publique et de la stabilité du gouvernement. Aussi la reconnoissance universelle ramène dans cette solennité toute la nation française aux pieds des autels. Au milieu d'un concours immense de toutes les classes de citoyens, les magistrats du peuple, les guerriers qui défendent et font triompher la patrie, les interprêtes des lois, les chefs de l'administration publique, les grands qui entourent le trône, les princes qui en rehaussent l'éclat, celui même qui y est glorieusement assis, tout fléchit aujourd'hui, et au même instant pour ainsi dire, devant le Roi immortel des siècles, et lui rend de solennelles actions de grâces.

Or pour mieux entrer dans l'esprit de la cérémonie de ce jour, et exciter davantage, s'il est possible, la gratitude nationale, que n'ai-je ici le temps de montrer, combien une Religion est nécessaire au maintien des sociétés humaines! en preuve de cette vérité j'aurois invoqué l'opinion universelle des peuples, l'esprit des traditions qui ont eu cours parmi les hommes, et le sens profond des mythologies qui les ont égarés autrefois, ou les abusent encore. J'aurois sans crainte fait parler ensuite dans cette chaire quelques-uns des sages et des législateurs de l'antiquité payenne. L'orateur romain, entre autres, eut répété ici ce qu'on trouve si souvent dans ses ouvrages, savoir: *que sans Religion la société civile ne sauroit subsister.* Bien différent de quelques prétendus philosophes modernes, le prince des philosophes grecs vous auroit de nouveau averti *que l'observation d'une véritable Religion est le premier besoin et la loi fondamentale des empires.* La nécessité d'une Religion, comme principe constitutif de la société, seroit, en outre, devenue évidente ici à tous ceux qui avec les moralistes auroient voulu réfléchir sur la violence des passions dans l'homme et la foiblesse de sa raison : sur l'imperfection des lois humaines et des diverses formes de gouvernement : sur les funestes et inévitables effets de l'extrême civilisation. Cette nécessité d'une Religion eut paru manifeste encore par l'importance de proposer aux hommes des récompenses et des châtimens qui ne meurent point avec eux : d'élever leurs affections au-dessus de la matière et des sens, et d'étendre leurs pensées au-delà de cette vie d'un moment, au-delà de cette terre périssable. Un doute fut-il resté encore ? nous l'aurions pour jamais confondu, en reportant vos souvenirs vers ces temps malheureux où la Religion ayant été proscrite parmi nous, tous les liens sociaux et politiques parurent aussitôt près de se dissoudre, et déjà la France se déchirant elle-même, égorgeoit ses propres enfans par la main de leurs frères.

Après avoir ainsi démontré que pour être durables les sociétés humaines ont besoin de la présence imposante, et pour ainsi dire, de l'intervention suprême d'une Religion, nous aurions demandé laquelle, entre les Religions existantes dans l'univers, mérite la préférence de la part des nations policées ; quel Culte saint, pur et vénérable se montre plus approprié au génie commun des hommes, commande mieux le bien, enseigne plus de vertus, s'attache avec plus de succès à prévenir les désordres et les crimes. Faut-il regretter l'idolâtrie ancienne, opprobre de la raison, système insensé de religion qui, en multipliant les dieux à l'infini, n'avoit déifié que les vices? Faut-il emprunter aux peuplades sauvages et à ces nations serviles de l'Asie leurs fétiches et leurs pagodes? Ou bien l'homme raisonnable doit-il fléchir devant ce bizarre amas de rêveries impures et antisociales, évidente mission d'imposture, qui étouffe les lumières, pousse les hommes à la haine de leurs semblables, et ne consacre que l'esclavage et l'impudicité, le brigandage et le meurtre?

Ah ! il ne reste à l'honneur des sociétés humaines, et pour garant de leur durée : oui, il ne leur reste que la Religion de JÉSUS-CHRIST ; Religion dont l'origine est dans le ciel et qui y faisant monter avec elle notre raison, lui révèle enfin le grand but des êtres, et ce Dieu créateur, réparateur, sanctificateur, incompréhensible sans doute, mais qui plaît tant au génie, et surtout à la vertu. Religion qui élève l'homme mortel, agrandit son être, divinise sa nature, double les forces de son intelligence, appaise et satisfait les ardeurs inquiètes de son ame. Religion éminemment sociale qui pressant les hommes dans les liens d'une ingénieuse charité, ne forme du genre humain qu'une famille, et dans chacun de nos semblables nous fait aimer un frère. Religion qui sait commander avec autorité aux monarques environnés de flatteurs, et plaide d'autant plus éloquemment aux pieds de leur trône la cause des peuples, qu'elle fait dans l'esprit des peuples la principale force et la majesté des rois. Religion qu'il faudroit inventer, si elle n'existoit pas, selon le mot d'un écrivain fameux, puisque, quand la loi civile se tait, quand les institutions sociales ne peuvent plus rien, seule elle conserve un irrésistible pouvoir ; seule elle règne sur la pensée ; seule elle condamne le désir secret, accuse la volonté intérieure et cachée, tourmente la prospérité coupable, épouvante et punit le crime que les tribunaux de la terre n'ont pu atteindre ; et bien supérieure aux lois humaines qui ne savent que tuer les coupables, seule elle change l'homme pervers et le rend à la vertu. Religion, en un mot, qui a si heureusement réformé et poli les nations chez lesquelles sa lumière a pénétrée, que nous avons droit de dire que celles qui n'en seront pas éclairées ignoreront toujours les vrais principes de la civilisation, comme l'histoire nous montre replongées dans la barbarie, les contrées où s'éteignit ce magnifique flambeau.

Et vous, peuples qui la connoissez, cette Religion, vous n'avez eu des guerres cruelles, vous ne vous êtes misérablement déchirés vous-mêmes, vous n'avez perdu votre gloire et votre antique honheur, que parce que vous avez enfreint sa loi, abondonné l'unité de sa doctrine et méconnu son véritable esprit!

Et si nous avions eu le temps de célébrer ensuite le règne du Christianisme sur les cœurs; si, dévoilant à vos yeux la beauté des sentimens intérieurs que la doctrine Catholique inspire, nous avions tracé ici le portrait de l'homme instruit par la Religion, et toujours dirigé par elle, Chrétien au milieu des grandeurs ou dans une condition privée, au sein des richesses ou dans la pauvreté, sur le trône ou dans les épreuves du malheur; ah! loin sans doute de ne voir dans le Christianisme qu'un système chimérique de perfection idéale et impossible, vous y auriez admiré la plus sublime conception, l'ouvrage d'une sagesse divine, règle simple et facile de toutes les actions de l'homme destiné à vivre en société. Au lieu de vous figurer l'évangile sous des traits farouches, armé d'anathêmes et de terreur, proscrivant les tendres affections et les doux épanchemens des relations sociales, vous l'auriez adoré et béni comme une loi de paix et de charité, code réel et unique du bonheur.

Que n'aurois-je pas eu à vous dire encore, mes Frères, sur l'extention de vues et la hauteur de pensées que la doctrine Catholique communique au vrai savant, à l'homme méditatif et de génie, lorsqu'il entreprend d'expliquer l'origine, la nature et les destinées de l'homme, le monde physique, l'ordre invisible, intellectuel et céleste! sans peine nous aurions prouvé qu'il n'est aucune science qui ne puisse recevoir du Christianisme de plus vives lumières, ou plus de certitude et de profondeur, ou plus de charme et d'utilité. Que seroit devenu alors le reproche que certains esprits légers font à cette Religion qu'ils ne comprennent et ne connoissent même pas : le reproche de ne pouvoir s'allier aux sciences, aux lettres, aux arts, au commerce, à la politique, à la conduite des grandes affaires, au gouvernement des empires, à tout ce qui fait la splendeur des nations?

Une conséquence à laquelle vous n'avez peut-être jamais fait attention, eut alors frappé vos esprits, comme une vérité nouvelle. Cette conséquence? c'est que depuis le monarque jusqu'au citoyen le plus obscur, princes et grands, nobles ou peuple, riches ou pauvres, magistrats et guerriers, savans et artisans, tous par l'unique loi du pacte social, nous sommes essentiellement obligés à la pratique extérieure et fidèle des devoirs religieux. Vous aviez pensé jusqu'ici que les seuls préceptes particuliers de la Religion prescrivoient cette fidélité à l'exercice de son culte. Eh bien! détrompez-vous, mes Frères; l'Église prête seulement ici appui à l'ordre social. Mais c'est de l'ordre social même que découle l'obligation. Dès-lors en effet qu'une Religion est indispensable au maintien des sociétés humaines, l'observation exacte des devoirs imposés par cette Religion devient la première obligation de chaque citoyen. Celui qui y manque est coupable envers la société; il commet un délit public; il se met sinon en révolte ouverte contre le Prince, au moins en opposition directe avec le but de ses travaux et de son autorité.

Oh! combien les ministres de Jésus-Christ, chargés d'annoncer sa parole dans cette solennité, ont à regretter de ne pouvoir développer avec quelqu'étendue ces importantes vérités : vérités fondement de la société, puisqu'elles sont l'essence de la Religion ; vérités essentiellement religieuses, puisqu'elles sont éminemment sociales et utiles. C'est en ce jour en effet qu'il convient de les publier hautement ces vérités ; en ce jour où dans les temples et autour des tabernacles de Jésus-Christ tout le peuple fidèle, et les chefs de la société et les ministres des autels adressent en commun, au Dieu réparateur et sauveur, de solennelles actions de grâces pour le nouveau bienfait de sa Religion rétablie parmi nous ; en ce jour où la France entière prend l'engagement authentique d'aimer, de pratiquer et de défendre cette divine Religion. Au spectacle pieux que présente aujourd'hui cet Empire, les pensées s'élèvent, les sentimens s'épurent, l'esprit et le cœur se renouvellent, pour ainsi dire. On comprend tous les rapports de l'ordre public à la Religion, et de la Religion à l'ordre public. Le prêtre, orateur de cette fête nationale, n'a pas besoin de paroles pour imprimer dans chacun de ses auditeurs une grande idée de l'église et de la foi. Facilement il excite autour de soi l'enthousiasme, et inspire un noble orgueil d'être Chrétien, et

Chrétien catholique, et Catholique français, et Français sous le règne du Héros qui nous gouverne.

Le nom de ce Héros retentit aujourd'hui dans tous les temples de ce vaste Empire, comme autrefois celui de Josias dans toutes les villes de Juda.

Aux impiétés de Manassès et d'Amon, Josias avoit fait succéder le culte du vrai Dieu et le règne de la loi sainte. Par ses ordres Jérusalem avoit cessé d'être souillée d'idolâtrie. Le temple étoit sorti de ses ruines. Le grand prêtre Helcias avoit repris ses augustes fonctions. Les lévites remplissoient leur pieux ministère, et le pacifique holocauste reportoit chaque jour à l'Éternel l'adoration et les vœux de son peuple sanctifié de nouveau. Josias lui-même avoit paru dans le temple, et du haut de son trône, *il y avoit fait alliance avec le Seigneur, pour marcher à sa suite et dans ses voies, pour garder ses préceptes et ses cérémonies, de tout son cœur et de toute son ame ; pour accomplir en un mot tout ce qui étoit écrit dans le livre de la loi, dont il s'étoit soigneusement instruit.* Enfin une fête solennelle rappelloit chaque année au royaume de Juda le pacte heureusement renouvellé entre Dieu et son peuple; bienfait touchant du Seigneur; sagesse profonde de Josias; et le nom de ce prince, uni en quelque sorte à celui du Très-haut, étoit dans toutes les bouches comme dans tous les cœurs.

<small>Second liv. des Paralipo- menes. Chap. 34, 35, 36...</small> J'ai traduit et abrégé, mes Frères, un passage remarquable d'un des livres historiques de nos divines écritures; et ne semble-t-il pas que j'aie récité une des pages immortelles de l'histoire de *Napoléon?* La France lui doit, après Dieu, la disparition des funestes et anarchiques systêmes, et le retour fortuné de la monarchie et de la Religion de Jésus-Christ. Habitans de ce département! peuples de l'antique Belgique, si connus par votre attachement à la Religion catholique, vous devez donc en ce jour adresser au ciel des supplications plus nombreuses, et des vœux plus ardens pour celui par qui le culte de vos pères vous a été rendu. Ce premier usage qu'il fit du pouvoir suprême, excita parmi vous les plus vifs transports. La paisible jouissance de ce bienfait en auroit-elle éteint dans vos cœurs le sentiment et la gratitude? Non, sans doute: et par la médiation de la Reine du ciel, protectrice de cet Empire, par l'intercession du saint Martyr dont notre Empereur porte le nom brillant, par les

mérites surtout du Dieu sauveur dont la présence visible s'associe dans ce jour à la joie publique, vous solliciterez pour notre Monarque les grâces les plus précieuses et les plus abondantes.

Oui, ô mon Dieu! pour *Napoléon* tout ce peuple ardemment vous implore. Il vous supplie d'acquitter vous-même la dette de sa reconnoissance. Mais nous ne vous demandons plus pour *Napoléon*, ô mon Dieu, des victoires et des triomphes; assez de lauriers sont accumulés sur sa tête. Il est le plus grand des guerriers et des capitaines: qu'il devienne le plus grand des pacifiques Monarques. Que ses jaloux ennemis cessent de lui faire verser des larmes, et pour le sang que lui coûte sa gloire, et pour le bien que par leur rage il est empêché de faire dans cet Empire et dans l'Europe entière. Ah! quel autre Monarque sut jamais mieux que lui tout ce qui est de la dignité de l'homme, de l'honneur des sociétés humaines, ce qui est plus capable de rendre une nation florissante et heureuse! Tant de génie, tant de désir du bien, tant d'amour pour la France, seront-ils donc perdu pour notre félicité? Oh! la paix, la paix combleroit le plus cher de ses vœux. Toujours vainqueur, il l'offrit sans cesse à ses ennemis.

Il la leur présente dans ce moment. O mon Dieu! il en est temps encore: le signal du combat n'est point donné. Changez, changez le cœur des nations qui combattent contre nous; inclinez leur volonté. Que ce ne soit pas en vain que de toute part des négociateurs accourent et se rassemblent. Inspirez surtout à ces ministres de la politique, inspirez-leur la grande idée d'unir l'Europe, par une alliance tellement combinée, qu'aucune ambition ne puisse désormais troubler la tranquillité des peuples chrétiens; et que l'Europe, cette belle portion de la terre enseigne ainsi aux autres peuples de l'univers, et les arts et la vertu, et les sciences et la religion, et la solide gloire et la véritable grandeur, esprit social parfait, véritable esprit du Christianisme. — C'est la grâce que nous allons demander, mes Frères, à Dieu, Père, Fils et St.-Esprit. Ainsi soit-il.

www.ingramcontent.com/pod-product-compliance
Lightning Source LLC
Chambersburg PA
CBHW070452080426
42451CB00025B/2714